目 录

A片区

B片区

C片区

D片区

E片区

地标

期 天气 同行者 心情 推荐指数 ☆☆☆☆☆

EXPO 2010

日期 天气 同行者 心情 推荐指数

期 天气 同行者 心情 推荐指数

日本馆
Japan Pavilion

中国省区市联合馆
Chinese Provinces Joint Pavilion

期　天气　同行者　心情　推荐指数☆☆☆☆☆

北京馆
Beijing Pavilion

2010 XPO

日期　　天气　　同行者　　心情　　推荐指数

天津馆
Tianjin Pavilion

河北馆
Hebei Pavilion

日期　天气　同行者　心情　推荐指数☆☆☆☆☆

山西馆
Shanxi Pavilion

内蒙古馆

Inner Mongolia Pavilion

辽宁馆
Liaoning Pavilion

吉林馆
Jilin Pavilion

黑龙江馆
Heilongjiang Pavilion

日期 天气 同行者 心情 推荐指数 ☆☆☆☆☆

江苏馆
Jiangsu Pavilion

EXPO 2010

浙江馆
Zhejiang Pavilion

安徽馆

Anhui Pavilion

日期 天气 同行者 心情 推荐指数

福建馆
Fujian Pavilion

期　天气　同行者　心情　推荐指数☆☆☆☆☆

江西馆
Jiangxi Pavilion

EXPO 2010

日期　天气　同行者　心情　推荐指数☆☆☆☆☆

山东馆
Shandong Pavilion

期　　天气　　同行者　　心情　　推荐指数☆☆☆☆☆

河南馆

Henan Pavilion

2010 EXPO

湖北馆

Hubei Pavilion

湖南馆
Hunan Pavilion

EXPO 2010

日期 天气 同行者 心情 推荐指数

广东馆

Guangdong Pavilion

期 天气 同行者 心情 推荐指数 ☆☆☆☆☆

广西馆

Guangxi Pavilion

日期　天气　同行者　心情　推荐指数

海南馆
Hainan Pavilion

期 天气 同行者 心情 推荐指数

重庆馆
Chongqing Pavilion

2010 EXPO

日期　天气　同行者　心情　推荐指数

四川馆
Sichuan Pavilion

贵州馆

Guizhou Pavilion

日期　　天气　　同行者　　心情　　推荐指数☆☆☆☆☆

云南馆
Yunnan Pavilion

西藏馆
Tibet Pavilion

EXPO 2010

日期 天气 同行者 心情 推荐指数

陕西馆
Shaanxi Pavilion

甘肃馆
Gansu Pavilion

日期 天气 同行者 心情 推荐指数

青海馆
Qinghai Pavilion

宁夏馆
Ningxia Pavilion

EXPO 2010

新疆馆
Xinjiang Pavilion

上海馆
Shanghai Pavilion

日期 天气 同行者 心情 推荐指数

乌兹别克斯坦馆
Uzbekistan Pavilion

巴基斯坦馆
Pakistan Pavilion

日期　　天气　　同行者　　心情　　推荐指数

以色列馆
Israel Pavilion

期 天气 同行者 心情 推荐指数 ☆☆☆☆☆

卡塔尔馆

Qatar Pavilion

EXPO 2010

日期 天气 同行者 心情 推荐指数

印度馆

India Pavilion

尼泊尔馆

Nepal Pavilion

EXPO 2010

日期 天气 同行者 心情 推荐指数

台湾馆
Taiwan Pavilion

亚洲联合馆一
Asia Joint Pavilion I

2010 EXPO

日期　　天气　　同行者　　心情　　推荐指数

马尔代夫馆
Maldives Pavilion

东帝汶馆
Timor-Leste Pavilion

日期  天气 同行者 心情 推荐指数

吉尔吉斯斯坦馆
Kyrgyzstan Pavilion

日期 天气 同行者 心情 推荐指数 ☆☆☆☆☆

孟加拉国馆
Bangladesh Pavilion

EXPO 2010

日期　　天气　　同行者　　心情　　推荐指数

塔吉克斯坦馆
Tajikistan Pavilion

蒙古馆

Mongolia Pavilion

亚洲联合馆二

Asia Joint Pavilion Ⅱ

期 天气  同行者 心情  推荐指数 

也门馆

Yemen Pavilion

日期 天气 同行者 心情 推荐指数

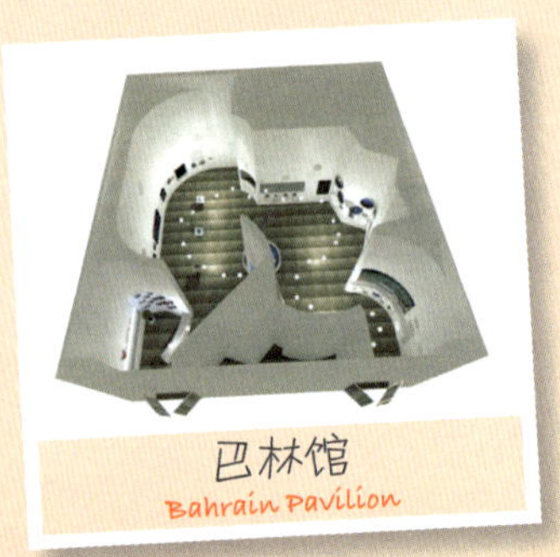

巴林馆
Bahrain Pavilion

巴勒斯坦馆
Palestine Pavilion

日期　天气　同行者　心情　推荐指数

阿富汗馆
Afghanistan Pavilion

叙利亚馆
Syria Pavilion

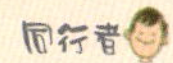
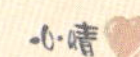

亚洲联合馆三

Asia Joint Pavilion Ⅲ

日期　天气　同行者　心情　推荐指数

老挝馆
Laos Pavilion

缅甸馆

Myanmar Pavilion

EXPO 2010

伊拉克馆
Iraq Pavilion

期 天气 同行者 心情 推荐指数

伊朗馆
Iran Pavilion

EXPO 2010

日期　天气　同行者　心情　推荐指数☆☆☆☆☆

沙特阿拉伯馆
Saudi Arabia Pavilion

阿曼馆
Oman Pavilion

日期 天气 同行者 心情 推荐指数

阿联酋馆
UAE Pavilion

哈萨克斯坦馆
Kazakhstan Pavilion

日期 天气 同行者 心情 推荐指数

香港馆

Hong Kong Pavilion

期　　天气　　同行者　　心情　　推荐指数☆☆☆☆☆

越南馆
Vietnam Pavilion

EXPO 2010

斯里兰卡馆

Sri Lanka Pavilion

期　　天气　　同行者　　心情　　推荐指数

韩国馆

Republic of Korea Pavilion

EXPO 2010

朝鲜馆
Democratic People's Republic of Korea Pavilion

天气　　同行者　　心情　　推荐指数 ☆☆☆☆☆

黎巴嫩馆
Lebanon Pavilion

日期　　天气　　同行者　　心情　　推荐指数

摩洛哥馆
Morocco Pavilion

期 天气 同行者 心情 推荐指数 ☆☆☆☆☆

澳门馆

Macao Pavilion

EXPO 2010

日期　　天气　　同行者　　心情　　推荐指数

马来西亚馆

Malaysia Pavilion

期　天气　同行者 　心情　推荐指数 ☆☆☆☆☆

太平洋联合馆
Pacific Joint Pavilion

EXPO 2010

文莱馆
Brunei Darussalam Pavilion

期　天气　同行者　心情　推荐指数

公众参与馆
Pavilion of Public Participation

2010
EXPO

日期 天气 同行者 心情 推荐指数

天气 同行者 心情 推荐指数

生命阳光馆
Life Sunshine Pavilion

印度尼西亚馆

Indonesia Pavilion

日期　天气　同行者　心情　推荐指数

红十字会与红新月会国际联合会馆
International Red Cross and Red Crescent Pavilion

期

天气

同行者

心情

推荐指数

国际组织联合馆
Joint Pavilion of International Organizations

EXPO 2010

国际信息发展网馆

DEVNET Pavilion

日期　天气　同行者　心情　推荐指数 ☆☆☆☆☆

柬埔寨馆

Cambodia Pavilion

EXPO 2010

日期　　天气　　同行者　　心情　　推荐指数 ☆☆☆☆☆

泰国馆
Thailand Pavilion

菲律宾馆
Philippines Pavilion

日期　　天气　　同行者　　心情　　推荐指数

联合国联合馆
UN Joint Pavilion

新加坡馆
Singapore Pavilion

EXPO 2010

新西兰馆
New Zealand Pavilion

 天气 同行者 心情 推荐指数

澳大利亚馆
Australia Pavilion

2010 EXPO

日期 天气 同行者 心情 推荐指数

土耳其馆
Turkey Pavilion

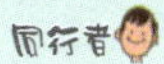

比利时—欧盟馆
Belgium -EU Pavilion

EXPO 2010

日期 天气 同行者 心情 推荐指数

中南美洲联合馆

Joint Pavilion of Central and South American Countries

期 天气 同行者 心情 推荐指数☆☆☆☆☆

厄瓜多尔馆
Ecuador Pavilion

2010 EXPO

日期 天气 同行者 心情 推荐指数

乌拉圭馆
Uruguay Pavilion

巴拉圭馆
Republic of Paraguay Pavilion

日期 天气 同行者 心情 推荐指数

巴拿马馆
Panama Pavilion

尼加拉瓜馆
Nicaragua Pavilion

2010
XPO

危地马拉馆
Guatemala Pavilion

期　　天气　　同行者　　心情　　推荐指数

多米尼加馆

Dominican Republic Pavilion

EXPO 2010

玻利维亚馆
Bolivia Pavilion

洪都拉斯馆
Honduras Pavilion

哥斯达黎加馆

Costa Rica Pavilion

萨尔瓦多馆
El Salvador Pavilion

日期　　天气　　同行者　　心情　　推荐指数☆☆☆☆☆

丹麦馆
Denmark Pavilion

期　天气　同行者　心情　推荐指数

乌克兰馆
Ukraine Pavilion

XPO 2010

日期 天气 同行者 心情 推荐指数

巴西馆
Brazil Pavilion

期 天气 同行者 心情 推荐指数☆☆☆☆☆

古巴馆
Cuba Pavilion

2010 EXPO

日期 天气 同行者 心情 推荐指数

卢森堡馆
Luxembourg Pavilion

日期 天气 同行者  心情 推荐指数 ☆☆☆☆☆

白俄罗斯馆

Belarus Pavilion

EXPO 2010

立陶宛馆
Lithuania Pavilion

尼日利亚馆
Nigeria Pavilion

加拿大馆
Canada Pavilion

加勒比共同体联合馆
Caribbean Community Joint Pavilion

2010 EXPO

牙买加馆
Jamaica Pavilion

日期　　天气　　同行者　　心情　　推荐指数☆☆☆☆☆

巴巴多斯馆
Barbados Pavilion

EXPO 2010

巴哈马馆
Bahamas Pavilion

天气

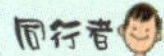

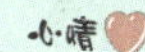

加勒比共同体馆
Caribbean Community Pavilion

EXPO 2010

圣文森特和格林纳丁斯馆

Saint Vincent and the Grenadines Pavilion

圣卢西亚馆

Saint Lucia Pavilion

EXPO 2010

圣基茨和尼维斯馆
Saint Kitts and Nevis Pavilion

期 天气 同行者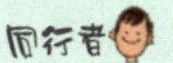 心情 推荐指数 ☆☆☆☆☆

圭亚那馆

Guyana Pavilion

EXPO 2010

多米尼克馆
Dominica Pavilion

安提瓜和巴布达馆
Antigua and Barbuda Pavilion

日期　　天气　　同行者　　心情　　推荐指数☆☆☆☆

苏里南馆
Suriname Pavilion

日期 天气 同行者 心情 推荐指数

伯利兹馆
Belize Pavilion

2010 XPO

日期　天气　同行者　心情　推荐指数

格林纳达馆
Grenada Pavilion

特立尼达和多巴哥馆

Trinidad and Tobago Pavilion

日期　天气　同行者　心情　推荐指数☆☆☆☆☆

海地馆
Haiti Pavilion

日期 天气 同行者 心情 推荐指数☆☆☆☆☆

西班牙馆

Spain Pavilion

EXPO 2010

匈牙利馆
Hungary Pavilion

冰岛馆

Iceland Pavilion

EXPO 2010

日期 天气 同行者 心情 推荐指数☆☆☆☆☆

安哥拉馆
Angola Pavilion

芬兰馆
Finland Pavilion

EXPO 2010

克罗地亚馆
Croatia Pavilion

日期 天气 同行者 心情 推荐指数

利比亚馆

Libya Pavilion

EXPO 2010

日期　天气　同行者　心情　推荐指数☆☆☆☆☆

希腊馆
Greece Pavilion

天气　同行者　心情　推荐指数

阿尔及利亚馆
Algeria Pavilion

EXPO 2010

日期 天气 同行者 心情 推荐指数

阿根廷馆
Argentina Pavilion

2010 EXPO

英国馆
UK Pavilion

期 天气 同行者 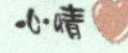 心情 推荐指数

欧洲联合馆一

Europe Joint Pavilion I

2010 EXPO

马耳他馆

Malta Pavilion

圣马力诺馆
San Marino Pavilion

日期　　天气　　同行者　　心情　　推荐指数

列支敦士登馆
Liechtenstein Pavilion

塞浦路斯馆
Cyprus Pavilion

2010 EXPO

日期 天气 同行者 心情 推荐指数

欧洲联合馆二
Europe Joint Pavilion Ⅱ

天气　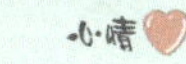同行者　心情　推荐指数 ☆☆☆☆☆

日期 天气 同行者 心情 推荐指数

阿尔巴尼亚馆
Albania Pavilion

阿塞拜疆馆
Azerbaijan Pavilion

保加利亚馆
Bulgaria Pavilion

前南斯拉夫马其顿共和国馆
Pavilion of the Former Yugoslav Republic of Macedonia

EXPO 2010

日期 天气 同行者 心情 推荐指数

格鲁吉亚馆
Georgia Pavilion

黑山馆
Montenegro Pavilion

2010 EXPO

摩尔多瓦馆
Moldova Pavilion

日期 天气 同行者 心情 推荐指数 

非洲联合馆

Africa Pavilion

2010 EXPO

几内亚馆
Guinea Pavilion

日期　天气　同行者　心情　推荐指数 ☆☆☆☆☆

几内亚比绍馆
Guinea-Bissau Pavilion

马达加斯加馆
Madagascar Pavilion

马里馆
Mali Pavilion

日期　　天气　　同行者　　心情　　推荐指数

马拉维馆
Malawi Pavilion

日期 天气 同行者 心情

厄立特里亚馆
Eritrea Pavilion

日期 天气 同行者 心情 推荐指数

中非馆

Central African Republic Pavilion

日期 天气 同行者 心情 推荐指数☆☆☆☆☆

2010 EXPO

日期　　天气　　同行者　　心情　　推荐指数

冈比亚馆
Gambia Pavilion

毛里求斯馆
Mauritius Pavilion

2010 EXPO

毛里塔尼亚馆
Mauritania Pavilion

乌干达馆
Uganda Pavilion

2010 EXPO

日期 天气 同行者 心情 推荐指数

布隆迪馆
Burundi Pavilion

期　　天气　　同行者　　心情　　推荐指数 ☆☆☆☆☆

卢旺达馆
Rwanda Pavilion

2010
EXPO

乍得馆
Chad Pavilion

尼日尔馆
Niger Pavilion

加纳馆
Ghana Pavilion

加蓬馆
Gabon Pavilion

日期 天气 同行者 心情 推荐指数

吉布提馆

Djibouti Pavilion

日期 天气 同行者 心情 推荐指数☆☆☆☆☆

刚果(布)馆

Republic of the Congo Pavilion

日期　　天气　　同行者　　心情　　推荐指数

刚果(金)馆

Democratic Republic of the Congo Pavilion

期 天气 同行者 心情 推荐指数☆☆☆☆☆

多哥馆
Togo Pavilion

日期　　天气　　同行者　　心情　　推荐指数☆☆☆☆☆

赤道几内亚馆
Equatorial Guinea Pavilion

日期 天气 同行者 心情 推荐指数☆☆☆☆☆

苏丹馆
Sudan Pavilion

2010 EXPO

日期 天气 同行者 心情 推荐指数

利比里亚馆
Liberia Pavilion

佛得角馆
Cape Verde Pavilion

EXPO 2010

纳米比亚馆
Namibia Pavilion

日期　天气　同行者　心情　推荐指数☆☆☆☆☆

坦桑尼亚馆
Tanzania Pavilion

EXPO 2010

日期 天气 同行者 心情 推荐指数 ☆☆☆☆☆

非盟馆

African Union (AU) Pavilion

肯尼亚馆
Kenya Pavilion

2010
EXPO

科特迪瓦馆
Côte d'Ivoire Pavilion

科摩罗馆

Comoros Pavilion

EXPO 2010

日期 天气 同行者 心情 推荐指数

津巴布韦馆
Zimbabwe Pavilion

期　天气　同行者　心情　推荐指数

埃塞俄比亚馆
Ethiopia Pavilion

2010
EXPO

莱索托馆

Lesotho Pavilion

期 天气 同行者 心情 推荐指数 ☆☆☆☆☆

莫桑比克馆
Mozambique Pavilion

2010 EXPO

索马里馆
Somalia Pavilion

博茨瓦纳馆
Botswana Pavilion

日期 天气 同行者 心情 推荐指数

喀麦隆馆

Cameroon Pavilion

塞内加尔馆
Senegal Pavilion

日期　　天气　　同行者　　心情　　推荐指数

塞舌尔馆
Seychelles Pavilion

塞拉利昂馆
Sierra Leone Pavilion

日期　天气　同行者　心情　推荐指数☆☆☆☆☆

赞比亚馆
Zambia Pavilion

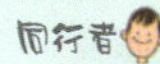

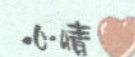

心情

推荐指数☆☆☆☆☆

罗马尼亚馆

Romania Pavilion

2010 EXPO

委内瑞拉馆
Venezuela Pavilion

期 天气 同行者 心情 推荐指数

法国馆
France Pavilion

2010
XPO

日期　　天气　　同行者　　心情　　推荐指数☆☆☆☆☆

波兰馆
Poland Pavilion

日期 天气 同行者 心情 推荐指数

波黑馆
Bosnia and Herzegovina Pavilion

挪威馆
Norway Pavilion

南非馆
South Africa Pavilion

日期　天气　同行者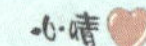　心情　推荐指数

俄罗斯馆

Russia Pavilion

日期 天气 同行者 心情 推荐指数

美国馆

US Pavilion

2010 EXPO

日期 天气 同行者 心情 推荐指数

突尼斯馆
Tunisia Pavilion

日期　天气　同行者　心情　推荐指数

埃及馆
Egypt Pavilion

荷兰馆

The Netherlands Pavilion

哥伦比亚馆
Columbia Pavilion

秘鲁馆
Peru Pavilion

爱尔兰馆
Ireland Pavilion

日期 天气 同行者 心情 推荐指数

爱沙尼亚馆
Estonia Pavilion

捷克馆
Czech Pavilion

日期 天气 同行者 心情 推荐指数☆☆☆☆☆

斯洛文尼亚馆
Slovenia Pavilion

斯洛伐克馆
Slovakia Pavilion

EXPO 2010

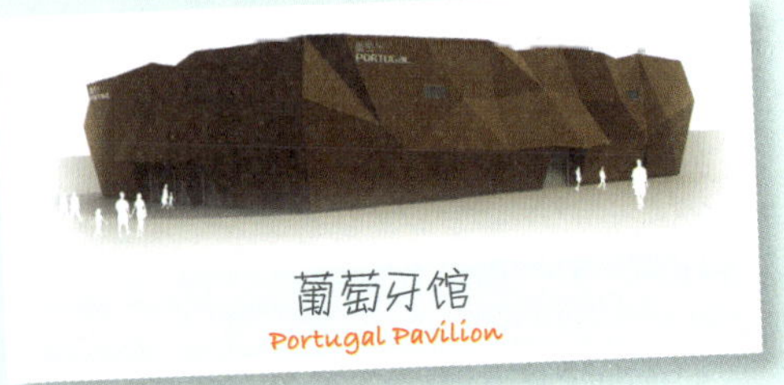

葡萄牙馆

Portugal Pavilion

智利馆
Chile Pavilion

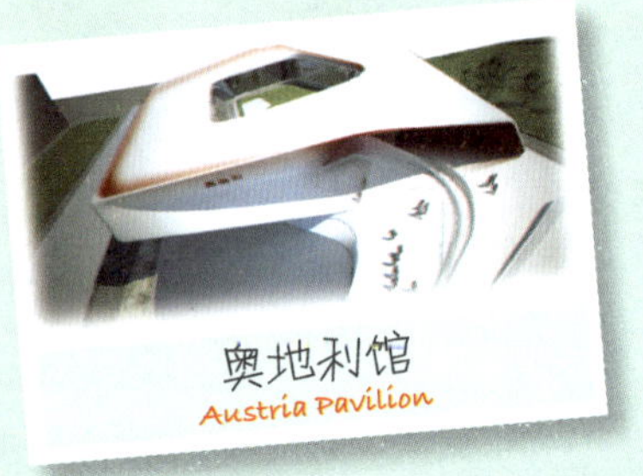

奥地利馆
Austria Pavilion

瑞士馆
Swiss Pavilion

日期　　天气　　同行者　　心情　　推荐指数

瑞典馆
Sweden Pavilion

意大利馆
Italy Pavilion

2010 EXPO

日期 天气 同行者 心情 推荐指数

塞尔维亚馆
Serbia Pavilion

墨西哥馆

Mexico Pavilion

日期 天气 同行者 心情 推荐指数

摩纳哥馆
Monaco Pavilion

日期　　天气　　同行者　　心情　　推荐指数

上海企业联合馆
Shanghai Corporate Pavilion

太空家园馆
Space Home Pavilion

日本产业馆
Japan Industry Pavilion

日期 天气 同行者 心情 推荐指数

中国人保馆
PICC Pavilion

EXPO 2010

日期　天气　同行者　心情　推荐指数☆☆☆☆☆

石油馆
Oil Pavilion

中国铁路馆
China Railway Pavilion

日期　天气　同行者　心情　推荐指数

可口可乐馆
Coca Cola Pavilion

国家电网馆
State Grid Pavilion

2010 EXPO

日期 天气 同行者 心情 推荐指数

思科馆
Cisco Pavilion

日期　　天气　　同行者　　心情　　推荐指数

韩国企业联合馆
Republic of Korea Business Pavilion

震旦馆

Aurora Pavilion

万科馆
Vanke Pavilion

2010 EXPO

日期 天气 同行者 心情 推荐指数

上汽集团—通用汽车馆
SAIC-GM Pavilion

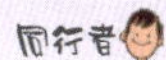

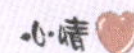

心情

中国航空馆

China Aviation Pavilion

2010 EXPO

日期 天气 同行者 心情 推荐指数

中国船舶馆
CSSC Pavilion

民营企业联合馆
Private Enterprise Pavilion

2010
EXPO

日期  天气 同行者 心情 推荐指数 ☆☆☆☆☆

远大馆
Broad Pavilion

期 天气  同行者 心情 推荐指数 ☆☆☆☆☆

信息通信馆

Information and Communications Pavilion

宁波案例馆
Ningbo Case Pavilion

西安案例馆
Xi'an Case Pavilion

麦加案例馆

Makkah Case Pavilion

日期 天气 同行者 心情 推荐指数☆☆☆☆☆

温哥华案例馆
Vancouver Case Pavilion

2010 EXPO

日期　天气　同行者　心情　推荐指数☆☆☆☆☆

上海案例馆
Shanghai Case Pavilion

日期　天气　同行者　心情　推荐指数 ☆☆☆☆☆

马德里案例馆
Madrid Case Pavilion

2010 EXPO

伦敦案例馆
London Case Pavilion

日期　天气　同行者　心情　推荐指数

汉堡案例馆

Hamburg Case Pavilion

2010 EXPO

阿尔萨斯案例馆
Alsace Case Pavilion

罗纳阿尔卑斯案例馆
Rhône-Alpes Case Pavilion

澳门案例馆
Macao Case Pavilion

成都案例馆
Chengdu Case Pavilion

2010 EXPO

日期 天气 同行者 心情 推荐指数

欧登塞案例馆

Odense Case Pavilion

主题馆
Theme Pavilions

日期 天气 同行者 心情 推荐指数☆☆☆☆☆

世博中心
Expo Center

日期 天气 同行者  心情 推荐指数 ☆☆☆☆☆

世博文化中心
Expo Culture Center

2010 EXPO

世博轴

Expo Axis

期 天气 同行者 心情 推荐指数

世博会博物馆和综艺大厅
World Exposition Museum & Entertainment Hall

2010
EXPO

宝钢大舞台
Bao Steel Stage

期　天气　同行者　心情　推荐指数

世博公园
Expo Garden

2010 EXPO

图书在版编目（CIP）数据

世博客：涂涂画画看世博/本书项目组编．—上海：上海教育出版社，2010.6

ISBN 978-7-5444-2050-1

Ⅰ．①世… Ⅱ．①上… Ⅲ．①博览会—上海市—2010—青少年读物 Ⅳ．①G245-49

中国版本图书馆CIP数据核字（2010）第102951号

策　　划　刘　芳　任黎星　宁彦锋
责任编辑　任黎星　宁彦锋
美术编辑　周　亚
封面设计　陆　弦
插　　图　夏　果

世博客
—— 涂涂画画看世博

本书项目组　编

上海世纪出版股份有限公司
上　海　教　育　出　版　社　出版发行

易文网：www.ewen.cc

（上海永福路123号　邮政编码：200031）

各地新华书店经销　上海精英彩色印务有限公司印刷

开本　787×960　1/40　印张　7

2010年6月第1版　2010年6月第1次印刷

印数　1–20,000本

ISBN 978-7-5444-2050-1/G·1764

定价：15.00元

（如发现质量问题，读者可向工厂调换）